BEI GRIN MACHT SICH IHR WISSEN BEZAHLT

- Wir veröffentlichen Ihre Hausarbeit, Bachelor- und Masterarbeit

- Ihr eigenes eBook und Buch - weltweit in allen wichtigen Shops

- Verdienen Sie an jedem Verkauf

Jetzt bei www.GRIN.com hochladen und kostenlos publizieren

Bibliografische Information der Deutschen Nationalbibliothek:

Die Deutsche Bibliothek verzeichnet diese Publikation in der Deutschen Nationalbibliografie; detaillierte bibliografische Daten sind im Internet über http://dnb.d-nb.de/ abrufbar.

Dieses Werk sowie alle darin enthaltenen einzelnen Beiträge und Abbildungen sind urheberrechtlich geschützt. Jede Verwertung, die nicht ausdrücklich vom Urheberrechtsschutz zugelassen ist, bedarf der vorherigen Zustimmung des Verlages. Das gilt insbesondere für Vervielfältigungen, Bearbeitungen, Übersetzungen, Mikroverfilmungen, Auswertungen durch Datenbanken und für die Einspeicherung und Verarbeitung in elektronische Systeme. Alle Rechte, auch die des auszugsweisen Nachdrucks, der fotomechanischen Wiedergabe (einschließlich Mikrokopie) sowie der Auswertung durch Datenbanken oder ähnliche Einrichtungen, vorbehalten.

Impressum:

Copyright © 2005 GRIN Verlag, Open Publishing GmbH
Druck und Bindung: Books on Demand GmbH, Norderstedt Germany
ISBN: 978-3-668-13953-4

Dieses Buch bei GRIN:

http://www.grin.com/de/e-book/282557/kundenbindung-und-zufriedenheit-analyse-des-kundenverhaltens-der-letzten

Doreen Grittner

Kundenbindung und -zufriedenheit. Analyse des Kundenverhaltens der letzten 50 Jahre

GRIN Verlag

GRIN - Your knowledge has value

Der GRIN Verlag publiziert seit 1998 wissenschaftliche Arbeiten von Studenten, Hochschullehrern und anderen Akademikern als eBook und gedrucktes Buch. Die Verlagswebsite www.grin.com ist die ideale Plattform zur Veröffentlichung von Hausarbeiten, Abschlussarbeiten, wissenschaftlichen Aufsätzen, Dissertationen und Fachbüchern.

Besuchen Sie uns im Internet:

http://www.grin.com/

http://www.facebook.com/grincom

http://www.twitter.com/grin_com

Kundenbindung und -zufriedenheit. Analyse des Kundenverhaltens der letzten 50 Jahre

Doreen Grittner

Inhaltsverzeichnis

1. Einleitung 3
2. Vom Verkäufermarkt zum Beziehungsmarketing – die verschiedenen Entwicklungsphasen des Marketings von den 50er Jahren bis heute 4
3. Der Weg des Marketings zum Relationship Marketing 7
4. Veränderungen des Kundenverhaltens – Konsequenzen für Unternehmen 8
5. Kundenbindungsmaßnahmen als Antwort auf Marktveränderungen 10
6. Zusammenfassung 12
7. Quellenangaben 13

1. Einleitung

Bedingt durch ökonomische, technologische, politische und gesellschaftliche Faktoren hat sich im Marketingverständnis vieler Unternehmen in den letzten Jahrzehnten eine Veränderung vom Transaktionsmarketing zum Beziehungsmanagement vollzogen. Der Wandel von steigenden Verkäufer- zu stagnierenden oder kaum wachsenden Käufermärkten und die daraus folgende Intensivierung des Wettbewerbs auf vielen Märkten, haben bei den meisten Unternehmen zu einer strategischen Neuorientierung geführt. Vor einiger Zeit stand noch die Gewinnung von Neukunden im Mittelpunkt, doch durch die zunehmende Austauschbarkeit von Produkten oder Dienstleistungen und die zunehmende Erschwernis der Neukundenakquisition wurden verstärkt Konzepte, wie das Beziehungsmarketing bzw. Relationship Marketing, zum Diskussionsgegenstand in Theorie und Praxis. Schlagwörter wie „Mehr Kundennähe und -zufriedenheit", „Intensivierung und Pflege der Kundenbeziehungen" oder „Sicherung der Kundenbindung" treten seit einigen Jahren anstelle des klassischen, instrumentell ausgerichteten Transaktionsmarketings in den Mittelpunkt. Durch diesen Sachverhalt verschob sich der Fokus von einer Produkt- zu einer Kundenorientierung.

In dieser Arbeit wird auf die Analyse und Entwicklung des Marktes eingegangen. Dabei werden Veränderungen des Kundenverhaltens der letzten 50 Jahre analysiert, Konsequenzen für Unternehmen dargestellt und versucht neue Maßnahmen der Kundenbindung aufzuzeigen.

2. Vom Verkäufermarkt zum Beziehungsmarketing – die verschiedenen Entwicklungsphasen des Marketings von den 50er Jahren bis heute

Die Beziehung zum Kunden und damit das Marketingdenken von Unternehmen haben sich in dem letzten halben Jahrhundert grundlegend geändert. Nachfolgend sind die Veränderungen des Marktes anhand von verschiedenen Entwicklungsphasen aufgeführt. Den Anfang macht die Phase der Produktorientierung, welche in den 50er Jahren stattfand. In dieser Zeit nach dem Krieg überstieg die Nachfrage auf fast allen Handelsplätzen bei weitem das Angebot und die Produktion bildete einen Engpassfaktor.[1] Auf dem sog. Verkäufermarkt waren nur Betriebe erfolgreich, die eine Massenproduktion ihrer Waren ermöglichen konnten. Dazu wurde versucht, ein breit gefächertes Vertriebssystem aufzubauen.[2] Kundenzufriedenheit spielte nur eine sekundäre Rolle. Die Verbraucher stellten keine großen Ansprüche und waren schon zufrieden, sobald sie ihre benötigten Waren bekommen haben. Das zentrale Anliegen der Unternehmungen und somit die vordergründige Aufgabe des Marketings bestand zu dieser Zeit darin, die Produktionskapazität auszubauen und die hergestellten Güter effizient an den Konsumenten zu vertreiben.[3] In den 60er Jahren waren keine Engpässe mehr am Markt vorhanden.[4] Das Angebot überstieg immer deutlicher die Nachfrage und man sprach nun von einem Käufermarkt. Den Engpassfaktor bildete nicht mehr die Produktion, sondern mit einer aufsteigenden Tendenz der Absatz der Ware. Es rückte das Ziel der Neukundenakquisition in den Vordergrund und geplante Marketing-Aktivitäten wurden sehr kurzfristig angelegt. Man sprach von dem sog. Transaktions-Marketing, da überaus viel Wert auf den Bereich der Vorkaufphase gelegt wurde. Kundenzufriedenheit und damit der Aufbau einer langfristigen Anbieter/Nachfrager-Beziehung blieben weiterhin im Hintergrund stehen.[5] Besondere Kennzeichen dieser Phase waren der Einsatz von Portfolioanalysen, eine Unternehmensführung

---

[1] vgl. Schneider, W. (2000): a.a.O., S. 13
[2] vgl. Bruhn, M. (2003): a.a.O., S. 3
[3] vgl. Schneider, W. (2000): a.a.O., S. 13
[4] vgl. Bruhn, M. (2003): a.a.O., S. 3
[5] vgl. Schneider, W. (2000): a.a.O., S. 13

auf Basis der vorhandenen Produkte und das Denken in der Produkt-Markt-Matrix. Ab den 70er Jahren, in der Phase der Marktorientierung, konnte man einen kompletten Wechsel vom Verkäufer- zum Käufermarkt beobachten. Es entstand ein Überangebot von Gütern in den Handelsregalen. Der Grund dafür war eine Erhöhung der Produktionskapazität der Unternehmen.[6] Die Hersteller konnten sich nicht mehr ausschließlich nach den Bedürfnissen der Endverbraucher richten, sondern mussten auch die Forderungen des Handels erfüllen.[7] Es kam zu einem Konkurrenzdenken zwischen den Geschäften, da der Konsument aus einer Vielzahl ähnlicher Produkte auswählen konnte. Aus dieser Entwicklung heraus „erkannten viele Unternehmen die Notwendigkeit der marktorientierten Unternehmensführung, um mit einer differenzierten Marktbearbeitung die spezifischen Bedürfnisse der verschiedenen Kundengruppen zu identifizieren und das Leistungsprogramm darauf abzustellen". Besondere Kennzeichen dieser Phase der Geschäftsleitung waren der Einsatz von Methoden der Marktforschung zur Marktsegmentierung und Produktpositionierung.[8] In den 80er Jahren folgte die Phase der Konkurrenzorientierung, in der der Verdrängungswettbewerb zunahm und es immer schwerer wurde auf den generellen Kundenwunsch erfolgreich einzugehen. Der Grund dafür waren die zunehmende Angleichung der Marketingaktivitäten, die „Homogenität der Produkte"[9] und die wachsende Anzahl von Wettbewerbern.[10] An zentraler Bedeutung gewann die Profilierung und Abgrenzung des Angebots eines Betriebes gegenüber der Konkurrenz. Man sprach vom „Denken im strategischen Dreieck" (Unternehmen - Kunde - Konkurrenz), um den Unternehmenserfolg zu sichern. Die Konkurrenzanalyse und Wertkettenanalyse waren grundlegende Instrumente für die strategische Ausrichtung von Unternehmen in dieser Zeit. In den 90er Jahren fand die Phase der Umfeldorientierung bzw. Kundenorientierung statt. In dieser Zeit sind Gewerbe erfolgreich, die schnell

---

[6] vgl. Bruhn, M.(2003): a.a.O., S. 3
[7] vgl. Schneider, W. (2000): a.a.O., S. 14
[8] vgl. Bruhn, M.(2003): a.a.O., S. 3
[9] vgl. Bruhn, M.(2003): a.a.O., S. 5
[10] vgl. Schneider, W. (2000): a.a.O., S. 14

und flexibel auf neue Herausforderungen des Umfelds reagieren können.[11] Zu den neuen Veränderungen des Milieus gehören die steigende Mobilität, zunehmende Markttransparenz, abnehmender Zeitdruck, steigendes Ausbildungsniveau und hybride (wechselseitige) Konsumstrukturen. Die Beziehungen zwischen dem Käufer und Verkäufer hat sich vollständig verändert. Sichtbar ist diese Wandlung durch die zunehmende Neigung der Verbraucher, „die Marke bzw. den Anbieter zu wechseln".[12] Ab dem Jahr 2000 sind „Faktoren wie die Globalisierung, Branchenerosionen, neue Informations- und Kommunikations-Technologien, Marktpolarisierungen und Deregulierungen" verantwortlich für Veränderungen am Markt. Diese Situation wird deshalb auch Phase der Netzwerkorientierung genannt. Experten schätzen, dass die „Bildung strategischer Netzwerke ein zentraler Erfolgsfaktor darstellen wird", um sich in dem Güteraustausch zu positionieren und trotz der wachsenden Konkurrenz zu bestehen.[13]

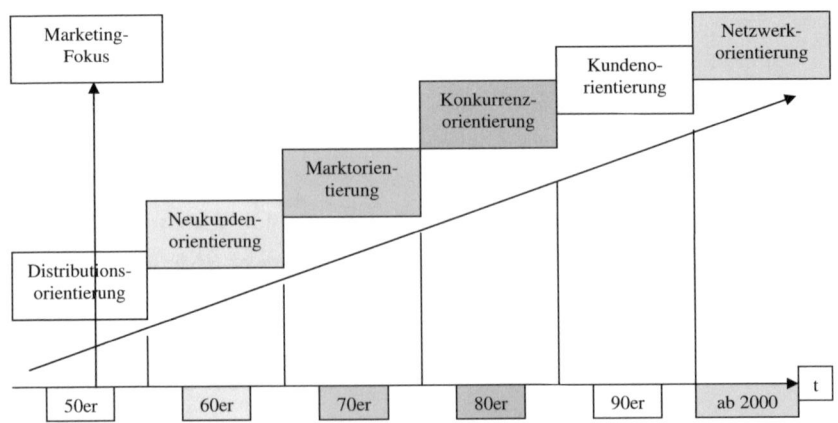

Abb. 1 Entwicklungsphasen des Marketings – selbständig erarbeitet

In den einzelnen Phasen und anhand der Abbildung (Abb. 1) kann man erkennen, welche Entwicklungen und Veränderungen es in den letzten 50 Jahren auf dem Markt in Deutschland gab. Durch den Einfluss von

---

[11] vgl. Bruhn, M.(2003): a.a.O., S. 5
[12] vgl. Schneider, W. (2000): a.a.O., S. 14
[13] vgl. Bruhn, M.(2003): a.a.O., S. 5

politischen, ökologischen, technologischen und gesellschaftlichen Faktoren hat sich das Marketingverständnis von einer transaktions- zu einer beziehungsorientierten Perspektive gewandelt.[14] Die meisten Bedürfnisse sind befriedigt und fast alle wichtigen Konsum- und Industriemärkte stagnieren. Für den unternehmerischen Erfolg reichen heute ein gutes Produkt, eine gute Idee oder eine gute Dienstleistung allein nicht mehr aus.[15] Das primäre Ziel von Betrieben, welches immer deutlicher in der heutigen Zeit hervorgeht, ist das Bestreben, sich nach den Notwendigkeiten und Wünschen des Konsumenten zu orientieren, ihn zufrieden zu stellen und ihn langfristig an das Unternehmen zu binden.

3. Der Weg des Marketings zum Relationship Marketing

Eine enge Beziehung mit den beschriebenen Entwicklungen des Marktes und der Unternehmungen in den letzten Jahrzehnten weist der Begriff des Relationship Marketing auf. Durch die Veränderung des Güteraustausches von einer transaktionsorientierten zu einer beziehungsorientierten Sichtweise hat sich demzufolge auch das Marketingverständnis verändert. Im Mittelpunkt aller Überlegungen befindet sich die geradlinige Ausrichtung diverser Unternehmensaktivitäten, die sich nach den Bedürfnissen und Wünschen der Konsumenten richtet. Somit ist das Relationship Marketing eine „Neuakzentuierung" des Marketings in Richtung einer konsequenten kundenorientierten Geschäftsleitung. Es kommt jetzt nicht mehr auf die Vermarktung der Dienstleistungen/Produkte mit den Marketinginstrumenten an, sondern die Kundenbeziehung steht nun im Vordergrund. Unternehmen spezialisieren sich auf persönliche Kundenwünsche, indem sie Marketingaktivitäten strukturiert und differenziert einsetzen. Das zentrale Ziel, welches sich aus den Entwicklungen ergeben hat, ist die Fixierung auf das Konstrukt Kundenbindung. Relationship Marketing ist keine Neudefinition des Marketingdenkens, sondern beschreibt die Weiterentwicklung des ursprünglichen Marketings mit dem Ziel der Pflege von

---

[14] vgl. Bruhn, M. (2003): a.a.O., S. 6
[15] vgl. Kenzelmann, P. (2003): a.a.O., S. 9

Beziehungen mit dem Konsumenten. Der Kundenbeziehungslebenszyklus ist ein besonders wichtiger Bestandteil für die Planung von Marketingaktivitäten im Relationship Marketing. Im Mittelpunkt dessen steht die „langfristige Steuerung von Kundenbeziehungen". Dieser stellt einen Zusammenhang von der Dauer der Beziehungen zwischen Unternehmen und Kunde sowie der Intensität der entsprechenden Beziehung dar.[16] In Zukunft werden die Kundenbeziehungen bzw. das Relationship Marketing immer mehr an Bedeutung gewinnen und es wird sich zeigen, ob sich ein Unternehmen am Markt behaupten kann.

4. Veränderungen des Kundenverhaltens – Konsequenzen für Unternehmen

Neue Käufer zu gewinnen wird immer schwieriger und kostenintensiver, zum einen durch die „gesättigten Märkte, technischer Patt-Situationen und austauschbarer Leistungsangebote" und zum anderen durch ein verändertes Verbraucherverhalten. Deshalb wird die Akquisition neuer Kunden von den Unternehmen verdrängt und der Aufbau „langfristiger Anbieter-Nachfrager-Beziehungen" rückt in den Vordergrund bzw. verspricht mehr Erfolg.[17] Durch die kontinuierliche Weiterentwicklung von Produktionstechnologien und Produkten sowie den Einsatz eines Kostensenkungs- und Qualitätsmanagements wird es Anbietern zunehmend möglich, die Wettbewerbsvorteile ihrer Konkurrenten innerhalb kürzester Zeit umzusetzen.[18] Der Käufer sieht sich dadurch einer unüberschaubaren Vielfalt von weitgehend homogenen Produkten und Serviceangeboten gegenüber, was zu einer abnehmenden Differenzierbarkeit und somit zur Substituierbarkeit der Leistungsangebote führt.[19] Durch den steigenden Kostendruck in den meisten Branchen halten sich Abnehmer meist an einen oder wenige Lieferanten. Dies schließt eine enge Zusammenarbeit zwischen Unternehmen und Konsumenten ein, die durch die Berücksichtigung

---

[16] vgl. Bruhn, M. (2003): a.a.O., S. 6 – 7
[17] vgl. Schneider, W. (2000): a.a.O., S. 17
[18] vgl. Peter, S.I. (1997): a.a.O., S. 1 – 4
[19] vgl. Reeg-Muller, A. (1999): Service Wegweiser Erfolgsstrategien zur Kundenbindung, Bonn, S. 7

beiderseitiger Interessen gekennzeichnet sein muss. Mittels des gesellschaftlichen Individualitätsdenkens fordern Kunden einen besonderen Nutzen durch auf sie persönlich zugeschnittene Produkte und Problemlösungen aus dem gesamten Leistungsangebot des Anbieters.[20] Für den Unternehmenserfolg sind die Pflege des Kundenstamms und die daraus resultierende Kundenzufriedenheit sehr entscheidend. Eine besonders Erfolg versprechende Marketing-Strategie ist das Loyality-Marketing. Dabei „sind sämtliche Unternehmensaktivitäten darauf ausgerichtet, die Treue der profitablen Kunden zu erhalten". Das Ziel dabei ist es, das aus zufriedenen Käufern begeisterte Käufer werden - dann erfolgt die Einstellung von Loyalität. Konsumenten werden zu Stammkunden, die nicht gleich zu der Konkurrenz abwandern, nur weil diese mit erschwinglicheren Preisen lockt. In der Praxis belegt aber eine Studie der Fachhochschule Mainz, dass Kunden zunehmend schlechter von den Unternehmen gebunden werden können und in Zukunft die Kundentreue weiter absinken wird. Wenn man Konsumenten heutzutage binden will, muss in der Kommunikation direkt auf den Kunden zugesteuert werden. Dies kann nur über Vertrauen und Verstehen passieren. Firmen, die eine Kundenbindung nur über den Preis erzielen wollen, brauchen sich über eine Abwanderung ihrer Verbraucher nicht zu wundern, die sich nur noch über günstigere Preise bei Wettbewerber informieren.[21] Unternehmen sollten Stärken und Schwächen nicht nur an der Schnittstelle zu auswärtigen Kunden suchen, sondern auch in den unternehmensinternen Austauschbeziehungen.[22] Durch die kürzer werdenden Produktlebenszyklen und die Spezialisierung der Betriebe gewinnt der Zukauf von Teilen/Bearbeitungsschritten bzw. Dienstleistungen immer mehr an Bedeutung. Viele Unternehmen nutzen die Vorteile der Fremdanfertigung und kaufen Produkte und Leistungen zu. Somit können Investitionen in „Fertigungsanlagen" und das Fertigungs-Know How" gering gehalten werden. Heutzutage werden fast nur noch die Endprodukte im eigenen Betrieb zusammengefügt und nicht wie vor einigen Jahren, als noch

---

[20] vgl. Peter, S.I.: a.a.O., S. 2 – 3
[21] vgl. Internet: http://handwerk.com/rubriken/management/marketing/kundentreue/marketing-loyality.htm, 18.07.2005
[22] vgl. Schneider, W. (2000): a.a.O., S. 17

fast alle Einzelteile selbst angefertigt wurden.[23] Unternehmen haben seit einigen Jahren die Marktorientierung nicht mehr auf eine Abteilung beschränkt, sondern sie wird zur Führungsphilosophie des gesamten Betriebes. Kundenorientierung wird somit zur Überlebensvoraussetzung für Unternehmen.

Dies wird deutlich bei den folgenden Aussichten des Marktes:

- die Macht des Kunden wächst
- die Markttransparenz nimmt zu
- Preisdifferenzen sinken
- Produktmenge und Produktvielfalt steigen
- zunehmende Austauschbarkeit von Dienstleistungen/Produkten
- meist sind Folgekäufe erst lohnend.[24]

Es wird in den nächsten Jahren für Unternehmen immer schwieriger werden, Kunden dauerhaft zu binden. Für Konsumenten wird es leichter werden gute Preis-/Leistungsangebote zu bekommen, aber immer schwerer den Überblick auf die gesamte angebotene Produktpalette und auf den Markt zu behalten.

5. Kundenbindungsmaßnahmen als Antwort auf Marktveränderungen

Durch Marktveränderungen ist das Konstrukt Kunde heute das wichtigste Ziel für Unternehmen, um sich erfolgreich auf dem beziehungsorientierten Markt zu behaupten.
Da jeder Konsument einen unterschiedlichen bzw. undurchschaubaren Geschmack hat und somit nicht auf die gleichen Kundenbindungsmaßnahmen reagiert wie die anderen, ist es wichtig die Kundenkommunikation so persönlich wie möglich zu gestalten. „Je individueller die

---

[23] vgl. http://www.mcgrip.de/0-web/wissen/beschaffungsmarketing/01-1-beschaffungsprobleme, 11.03.2005
[24] vgl. Kenzelmann, P. (2003): a.a.O., S. 10 – 11

Kundenkommunikation und je höher der realisierte Kundennutzen, umso wirkungsvoller und nachhaltiger ist die Kundenbindung".[25] Die Intensität der Kundenbindung ist vom Nutzen und den Wechselkosten abhängig, die der Verbraucher durch psychologische und faktische Bindungen empfindet. Daher ist das Ziel aller Maßnahmen die Erhöhung des Kundennutzens und der Wechselkosten durch den Aufbau unterschiedlicher Wechselbarrieren. Diese verursachen direkte, psychologische oder vertragliche Wechselkosten und können materiell, emotional oder rechtlich erreicht werden. Ziel aller Überlegungen ist es, mindestens eine bedingte Loyalität des Kunden und insgesamt eine Situation des Commitments anzustreben.[26] „Um Kundentreue zu erreichen, müssen sämtliche Kundenbindungsinstrumente optimiert und miteinander verzahnt werden". Wichtig ist dabei auf die Kommunikation mit dem Konsumenten zu achten. Kundendaten müssen sorgfältig angelegt werden und es muss sowohl auf das Serviceangebot, auf das Verhalten der Mitarbeiter, aber auch auf das Feedbackmanagement geachtet werden. „Die einzelnen Maßnahmen können erst im Zusammenspiel ihre Wirkung entfalten" und somit den Käufer zum Kauf anregen.[27] Möglichkeiten zur Sicherung von Folgekäufen können sein: den Nutzen zu steigern, die Kosten zu reduzieren oder die Wechselkosten zu erhöhen. Den Nutzen zu steigern, bedeutet die Qualität im Laufe der Beziehung zu erhöhen, beispielsweise mit zusätzlichen Know-How bzw. Erfahrungen, einer Prozessoptimierung oder einem zusätzlich angebotenen After Sales Service. Die Kostenreduktion beschreibt eine Preisminderung im Laufe der Beziehung, wie Folgekäufe mit deutlicher Preissenkung, Rabatt- und Bonussysteme oder auch fixe Eintrittskosten und Ermäßigungen der Folgekosten. Bei dem Fokus der Erhöhung der Wechselkosten kommt es darauf an, Anreize für weitere spezifische Investitionen zu erzielen. Es können auch Austrittsgebühren oder Verluste von finanziellen Vorteilen bei einem Austritt erhoben werden.[28]

---

[25] vgl. Kenzelmann, P. (2003): a.a.O., S. 104
[26] vgl. http://adyton.phil.uni-erlangen.de/economics/bwl/lehrbuch/hstkap2/kuzufr/kuzufr.htm, 01.04.2005
[27] vgl. Internet: www.handwerk.com a.a.O., 18.07.2005
[28] vgl. Internet: adyton.phil.uni-erlangen.de a.a.O., 01.04.2005

Mit den genannten Maßnahmen der Kundenbindung können Unternehmen ihre Konsumenten zum Wiederkauf anregen und einen wirtschaftlichen Erfolg erlangen.

6. Zusammenfassung

Zusammenfassend kann zum Ausdruck gebracht werden, dass sich in den letzten 50 Jahren grundlegend bzw. komplett das Marketingverständnis geändert hat. Dieses wandelte sich von einer produktorientierten zu einer beziehungsorientierten Sichtweise, da nun die meisten Kundenbedürfnisse befriedigt sind und fast alle Konsum- und Industriemärkte stagnieren. Aus diesem Grund tritt das Relationship Marketing stärker in den Vordergrund, das eine Veränderung des Kundenverhaltens und somit Konsequenzen für Unternehmen mit sich bringt. Das Ziel von Betrieben ist nicht mehr die Fixierung auf die Produkte bzw. Dienstleistungen, sondern direkt auf individuelle Notwendigkeiten und Wünsche der Kunden einzugehen. Durch eine sehr hohe Produktvielfalt und die daraus resultierende Unüberschaubarkeit auf dem Markt, herrscht bei den Unternehmen ein zunehmender Konkurrenzdruck und die Kundenorientierung wird zur Überlebensvoraussetzung. Die Neukundenakquisition wird immer mehr verdrängt und die Aufrechterhaltung des vorhandenen Kundenstamms ist ein wichtiger Bestandteil des Unternehmenserfolges geworden. Das kann mit Kundenbindungsmaßnahmen erfolgen, aber die direkte Kundenkommunikation muss dabei so persönlich wie möglich auf jeden einzelnen Konsumenten zugeschnitten werden, damit der Kundennutzen erhöht wird und eine ideale Kundenzufriedenheit erlangt werden kann. Darauf basierend kann dann eine möglichst lange Kundenbindung erzeugt werden.

Mehr zu diesem Thema finden Sie in „Wie man Kunden bindet. Zusammenhänge von Kundenorientierung, Kundenzufriedenheit und Kundenbindung" von Doreen Grittner, ISBN: 978-3-638-52393-6
http://www.grin.com/de/e-book/58110/

7. Quellenangaben

Literaturverzeichnis

Bruhn, Manfred (1999): Kundenorientierung – Bausteine eines exzellenten Unternehmens, München; S. 10

Bruhn, M. (2002): Marketing. Grundlagen für Studium und Praxis, 6. Aufl., Wiesbaden; S. 14

Bruhn, M. (2003): Kundenorientierung – Bausteine für ein exzellentes CRM, Beck Wirtschaftsberater im dtv, 2. Auflage; S. 2 – 7, S. 10 – 12, S. 23 – 28, S. 71 – 73, S. 80, S. 103 – 107, S. 117 – 118, S. 123 – 142

Bruhn, Manfred/Homburg, Christian (Hrsg.) (1998a): Handbuch Kundenbindungsmanagement: Grundlagen – Konzepte - Erfahrungen, Wiesbaden; S. 9

Butscher, Stephan (1998): Kundenbindungsprogramme & Kundenclubs, Ettlingen, S. 49 ff

Diller, H. (1997): Was leisten Kundenclubs?, in: Marketing ZFP, Heft 1, 1. Quartal; S.33

Donnelly, Harrison (1994): Jumping into Database Marketing, in: Stores, December 1994, S. 37

Eckert, S. (1994): Rentabilitätssteigerung durch Kundenbindung am Bsp. eines Buchclubs, Diss., St. Gallen; S. 247

Holz, Stefan/Tomczak, Torsten (1996): Kundenclubs als Kundenbindungsinstrument-Hinweise zur Entwicklung erfolgreicher Clubkonzepte, St. Gallen, S. 9

Homburg, Ch. / Werner, H. (1998): Kundenorientierung mit System – mit Customer Orientation Management zu profitablen Wachstum, Campus Verlag; S. 21 – 27, S. 232 – 233

Homburg, Christian (2002): Kundenzufriedenheit. Konzepte - Methoden Erfahrungen, 4. Aufl., Wiesbaden; S. 85

Kenzelmann, Peter (2003): Kundenbindung – Kunden begeistern und nachhaltig binden; Pocket Business, Cornelsen Verlag Berlin; S. 9 – 11, S. 16 – 17, S. 20, S. 24 – 26, S. 104 – 108

Lingenfelder, M.; Schneider, W. (2/1991): Die Kundenzufriedenheit. Bedeutung, Messkonzept und empirische Befunde, in: Marketing ZFP; S. 109

Meffert, Heribert (1999): Marktorientierte Unternehmensführung im Wandel, Gabler Verlag; S. 249

Meffert, H./Wagner, H./Backhaus K. (1994): Beziehungsmarketing - neue Wege zur Kundenbindung; S. 1

Meyer, Anton/Oevermann, Dirk (1995): Kundenbindung, in: Diller, Hermann (1995): Handwörterbuch des Marketing, Stuttgart, S. 1344

Meyer, A./Oevermann, D. (1995): zit. nach Bruhn/Homburg, (1999): Handbuch Kundenbindungsmanagement; S. 8

Mohme, Joachim (1993): Der Einsatz von Kundenkarten im Einzelhandel, Frankfurt/Main; S. 22

Müller, Wolfgang/Riesenbeck, Hans Joachim (1991): Wie aus zufriedenen Kunden auch anhängliche Kunden werden, in: HARVARDmanager (1991), Nr. 3; S. 68

Oggenfuß, Ch. W.(6/1992): Retention Marketing, in: Thexis; S. 25

Peter, S.I. (1997): Kundenbindung als Marketingziel: Identifikation und Analyse zentraler Determinanten, Wiesbaden; S. 1 – 4

Poggenpohl, Marcus (1991): Kundenkarteninformationen als Instrument der Verbundanalyse im Einzelhandel, Arbeitspapier Nr. 40, Münster; S. 10

Reeg-Muller, A. (1999): Service Wegweiser Erfolgsstrategien zur Kundenbindung, Bonn; S. 7

Scharioth, J. (10/1991): Welche Qualität gewinnt?, in: asw, Sondernummer; S. 12

Schneider, Willy (2000): Kundenzufriedenheit – Strategie, Messung, Management, mi-Verlag; S. 9, S. 13 – 14, S. 17, S. 23 – 25 , S. 39

Schweiger, W. (1992): Der Monitor treibt die Marketing-Maschine, in: asw, Sondernummer 10; S. 138

Seidel, W./Stauss, B. (1995): Beschwerdemanagement Personalpolitische Konsequenzen für DLU, in: Qualität und Zuverlässigkeit: QZ; Qualitätsmanagement in Industrie und DL, Band 40, Heft 8; S. 915 ff

Tomczak, T; Müller, F.(6/1992): Kommunikation als zentraler Erfolgsfaktor der strategischen Markenführung, in: Thexis, S. 22

Vahlens Großes Marketinglexikon (2001) – Herausgegeben von Hermann Diller 2. Auflage, Verlag C.H.Beck /Verlag Vahlen; S. 870, S. 847

Wienke, Wolfgang/Koke, Dorothee (1994): Cards & Clubs: Der Kundenclub als Dialogmarketinginstrument, Düsseldorf, Wien, New York, Moskau; S. 28

Wilkie, William L. (1994): Consumer Behavior, 3. Auflage; S.11 ff

Internetverzeichnis

http://www.intares.net/webstatistik_kundenorientierung.html; 11.03.2005

http://www.intares.net/webstatistik/webstatistik_kundenbindung.html; 11.03.2005

http://www.mcgrip.de/0-web/wissen/beschaffungsmarketing/01-1-beschaffungsprobleme; 11.03.2005

http://adyton.phil.uni-erlangen.de/economics/bwl/lehrbuch/hstkap2/kuzufr/kuzufr.htm; 01.04.2005

http://www.cas.de/Produkte/genesisWorld/CRM_Trends.asp; 13.06.2005

http://de.wikipedia.org/wiki/Kundenzufriedenheit; 14.06.2005

http://handwerk.com/rubriken/management/marketing/kundentreue/marketing-loyality.htm; 18.07.2005

BEI GRIN MACHT SICH IHR WISSEN BEZAHLT

- Wir veröffentlichen Ihre Hausarbeit, Bachelor- und Masterarbeit

- Ihr eigenes eBook und Buch - weltweit in allen wichtigen Shops

- Verdienen Sie an jedem Verkauf

Jetzt bei www.GRIN.com hochladen und kostenlos publizieren